AF384736

# TRAITÉ

DE LA

# COUPE DES PIERRES

## Par PIOCHE,

ARCHITECTE A METZ, ANCIEN ÉLÈVE DE L'ÉCOLE DES BEAUX ARTS,

POUR FAIRE SUITE

A la Perspective, à la Géométrie descriptive et au Traité des Ombres,

PAR LE MÊME AUTEUR.

## METZ,

### DEMBOUR ET GANGEL, ÉDITEURS,

Et chez tous les Libraires de France.

1846.

# COUPE DES PIERRES.

L'art de la Coupe des pierres a pour objet la construction en pierre de taille de toutes les parties d'édifices auxquelles on veut imprimer un caractère de solidité et de régularité.

Pour l'application de cet art, il est indispensable de tracer en grand les parties pour lesquelles on juge convenable d'employer la pierre de taille ; ce tracé ou épure se désigne sous la dénomination d'APPAREIL, et donne à l'ouvrier apparcilleur le moyen de couper les panneaux qui sont les résultats du tracé.

Les limites de cet ouvrage ne nous permettent pas d'entrer dans de plus grands détails sur les moyens d'exécution de cet art ; nous nous bornerons donc à présenter de la manière la plus simple les principales épures dont nous avons fait un choix varié.

## NOTIONS SUR LES PIERRES DE TAILLE.

Les pierres sont composées de substances terreuses et sablonneuses dont les parties sont plus ou moins étroitement liées les unes aux autres.

Les différentes pierres se divisent en quatre classes, savoir :

    1° Les pierres argileuses ;
    2°   —   calcaires ;
    3°   —   gypseuses ;
    4°   —   scintillantes.

Relativement à leur emploi dans la construction, les pierres se divisent généralement en deux classes.

La première comprend les pierres dures qui se débitent comme le marbre, au moyen de la scie à eau, et le sable ou le grès.

La deuxième partie comprend les pierres tendres, c'est-à-dire celles qui peuvent se débiter à la scie à dents, comme la pierre de Saint-Leu dont on fait un usage fréquent à Paris.

Dans les nombreuses carrières qui existent en France, les pierres sont plus ou moins employées, suivant la qualité qu'elles présentent pour résister à l'action de la gelée et du feu.

Dans le département de Seine-et-Marne, on trouve la pierre de Château-Landon, employée fréquemment pour la construction des édifices et le soubassement des maisons.

Les carrières de Meudon, de Saint-Cloud, de Saint-Leu, fournissent à la capitale les pierres de Liais dont on fait usage.

Dans les départements du Rhin, la pierre est de médiocre qualité, c'est-à-dire plus ou moins dure ; c'est pourquoi on lui préfère le grès.

Dans le département de la Moselle, les pierres qu'on emploie de préférence sont celles de Jaumont et d'Amanvillers.

Les pierres de Brouck et de Servigny servent, comme celles de Château-Landon, à la construction des soubassements et des marches d'escaliers, etc.

Le poids des pierres dures varie de 2400 à 2800 kilogrammes le mètre cube, et celui des pierres tendres varie de 1500 à 1800 kilogrammes.

Les pierres de taille de même nature présentent généralement deux poids, l'un à l'extraction, et un autre plus faible lorsque la pierre a été exposée à l'action de l'air et débarrassée de l'eau et de l'humidité qu'elle contient.

# PLANCHE Iʳᵉ

## VARIÉTÉ DES VOUTES.

Fɪɢ. 1ʳᵉ Porte ordinaire.

Fɪɢ. 2. Voûte en berceau.

Fɪɢ. 3. Voûte plein cintre terminée par une niche.

Fɪɢ. 4. Voûte d'arête et Voûte ogivale.

Fɪɢ. 5. Plan et coupe d'une Voûte annulaire retombant sur noyau.

Fɪɢ. 6. Plan et coupe d'une Voûte sphérique en forme d'arc de cloître.

Fɪɢ. 7. Voûte en calotte sphérique sur pendentifs.

Les arcs doubleaux que le plan et l'élévation représentent, forment, dans la partie sphérique, des sections qui ne laissent plus pour le repos de la calotte que les parties ou pendentifs compris entre les arcs, et dont l'ensemble donne un plan de forme circulaire sur lequel on achève la construction de la partie sphérique au moyen de Voussoirs placés par rangs horizontaux.

Fɪɢ. 8 et 9. Constructions antiques appareillées en pierre de taille.

# PLANCHE II.

## PLATES-BANDES, PÉNÉTRATIONS CIRCULAIRES.

Fɪɢ. 1ʳᵉ La figure 1ʳᵉ donne l'ensemble des pierres qui, par un certain arrangement entre elles, forment d'une manière solide la partie supérieure d'une fenêtre ou d'une porte.

Lorsque cette partie supérieure est en ligne droite comme dans la figure que nous présentons, elle prend le nom de Plate-bande, et les morceaux de pierre qui la composent prennent le nom de *Claveaux*.

Les deux Claveaux posés tout d'abord sur les montants sont encore appelés *Coussinets*, et le morceaux de pierre au milieu de la Plate-bande prend le nom de *Clef*, comme devant à elle seule presser, maintenir et fermer.

Les pierres des montants se nomment Pieds-droits et so n ordinairement de dimensions inégales, afin de se raccorder plus solidement avec le mur.

*Opération.* Pour la construction de cette épure, supposons que $a\, b\, c\, d\, e\, f$, etc., soit le plan d'un Pied-droit, on prendra le point $o'$ à une certaine distance du plan, et on mènera parallèlement à $(o\, a)$, la droite $o'\, a'$ sur laquelle les points $a$, $b$, $c$, $d$, $e$, $f$ se reporteront suivant $a'\, b'\, c'\, e'$, etc., et les verticales $b'\, b''$, $c'\, c''$, $e'\, e''$, seront les arêtes du

Pied-droit; par le point $o''$, on mènera parallèlement à $o'\, a'$ la droite $o''\, e''$ que l'on divisera en un nombre impair de parties égales.

Considérant ensuite le point $o'$ comme celui où doivent concourir les rayons, on mènera les droites $o'\, p$, $o'\, q$, $o'\, e''$.

Des points $p$, $q$, etc., on abaissera les perpendiculaires $p\, r$, $q\, s$, et on prendra $p\, r$ égal à la largeur $e\, d$ de la feuillure.

$e'\, b'$ est l'ébrasement et se prendra à volonté; la largeur $e\, f$ est le tableau; le dessous de la Plate-bande répondant à cette largeur se nomme *Intrados*.

Fɪɢ. 2. Cette figure représente la pierre posée à l'extrémité des Pieds-droits, on la nomme Sommier ou Coussinet.

Fɪɢ. 3. Cette figure représente le contre-sommier renversé et compris de le parallélipipède capable.

Ce cube construit suivant une perspective cavalière, offre le cas de la taille nommée *d'Abattage*, à cause des nombreuses recoupes que l'ouvrier serait obligé de faire subir à ce morceau avant de lui donner la forme détaillée de l'épure.

Fɪɢ. 4. Cette figure représentée aussi en perspective, donne la clef de la Plate-bande et ne présente aucune difficulté.

Fig. 5. Elle offre dans le cas de la pénétration d'un cylindre ou berceau biais dans un mur droit.

Dans ce cas, on entend par *section droite* celle qui est faite par un plan perpendiculaire à l'axe du cylindre ou berceau, et le cintre principal est l'intersection de ce plan avec l'Intrados de la Voûte ; on appelle Cintre de face, la courbe résultant de la rencontre de l'Intrados avec les faces du mur ou massif dans lequel il est pratiqué.

*Opération.* Soit $a'\,p'\,q'\,r'\,s'$, etc., la section droite qui peut être un demi-cercle ; pour obtenir la section de face suivant $a\,b$, on élèvera aux points $p$, $q$, $r$, $s$, du plan, les perpendiculaires $p\,1$, $q\,2$, $r\,3$, $s\,4$, qui correspondent à $p'\,1$, $q'\,2$, $r'\,3$, $s'\,4$, etc, et la courbe passant par les points $a$, 1, 2, 3, 4, etc., sera celle demandée.

Fig. 6. Cette figure représente le développement de l'Intrados de la Voûte et donne pour résultat le rabattement des panneaux de joints qui sont nécessaires pour l'exécution des Voussoirs.

Fig. 7. La figure 7 donne la perspective d'un Sommier, et dans ce cas nous ferons remarquer que nous évitons l'angle aigu du côté du mur au moyen des sections $m\,y$, $v\,x$, (Fig. 5).

# PLANCHE III.

## PÉNÉTRATIONS CIRCULAIRES.

Fig. 1<sup>re</sup> Imaginons la construction d'un berceau biais dans un mur en talus.

*Opération.* Nous supposons que les droites $m\,n$, $y\,x$ sont parallèles et présentent les traces du mur dans lequel on veut pratiquer le berceau dont $a\,p\,q\,r\,s$, etc., est la section droite.

Supposons en outre que la droite $c\,d$ soit menée de manière à ce que l'angle $c\,d\,e$ soit égal à l'inclinaison de la face en talus du mur ; on cherchera d'abord la division de la section droite en un nombre impair de parties égales aux points $p\,q\,r\,s$.

On mènera ensuite les lignes des joints qui devront s'arrêter à des assises de même épaisseur pour la régularité de l'appareil.

On cherchera l'intersection des arêtes de douelles avec le mur en talus ; ainsi supposons qu'il s'agisse de celle dont la projection verticale est au point $s$, on mènera la ligne horizontale $s\,b$ ; on abaissera $b\,g$ perpendiculaire à $d\,e$ ; du point $n$ comme centre, on décrira l'arc de cercle $g\,h$, et enfin du point $h$, on mènera parallèlement au tracer du mur la ligne $h\,s'$ qui donnera au point $s'$ le résultat demandé.

Comme cette opération est la même pour tous les points à déterminer, nous présentons de suite comme résultat la courbe passant par les points $a'$, $p'$, $q'$, $r'$, $s'$, ..... $b'$.

Pour avoir le rabattement de cette courbe ainsi que de l'appareil sur le mur en talus aux points $p'$, $q'$, $r'$, $s'$, etc, on élèvera des perpendiculaires aux traces du mur, puis on portera sur ces droites toutes les hauteurs données sur le profil $d\,e$ ; ainsi pour rabattre le point $s'$ en $s''$, on prendra sur le profil la longueur $d\,b$ qui doit donner en rabattement sur la perpendiculaire partant de $s'$ la hauteur qui convient à ce point.

Il est bien entendu que ces hauteurs ne comptent qu'à partir de la ligne de naissance $a'\,b'$.

Fig. 2. Pour la construction des Voussoirs, la figure 2 présente le développement des panneaux de douelles et de panneaux de joints.

Ce développement se fera sans difficulté comme ceux de la figure 6, planche 2.

Fig. 3. Le Voussoir que présente cette figure est le sommier droit d'un berceau biais dans un mur en talus.

Fig. 4. Supposons une porte pratiquée dans une tour ronde et suivant l'axe de cette tour.

*Opération.* Du centre $o$ de la tour, on décrira les cercles $a\,b$, $c\,d$, qui sont les traces du mur cylindrique dans lequel on doit pratiquer une ouverture en berceau ; à une certaine distance $o'$ du cercle extérieur, on mènera $a'\,b'$ perpendiculaire au rayon $o\,o'$ ; du point $o'$ comme centre, on décrira la circonférence *a p q r s*, etc., que l'on divisera ensuite en un nombre impair de parties égales ; on projettera ensuite de *a* en *b* les lignes de douelles et on limitera en élévation les têtes des Voussoirs.

Pour avoir les joints d'une bonne construction, il sera fait à chacun des Voussoirs deux sections *m n*, *p q*, dont les plans passeront par le centre *o* de la tour : de cette manière on évitera les angles aigus, et les joints extérieurs de l'appareil seront normaux aux faces extérieures et intérieures.

Fig. 5. Pour l'exécution des Voussoirs, il faudra développer la douelle et rabattre les panneaux de joints , opérations très-simples auxquelles nous ne nous arrêterons pas.

Fig. 6. Cette figure représente le sommier droit du berceau précédent ; la perspective cavalière indique suffisamment la forme que présente ce Voussoir.

# PLANCHE IV.

## TROMPES DROITES, ARCS DE CLOITRE.

Fig. 1<sup>re</sup> Construction d'une Trompe conique pour recouvrir l'angle formé par deux murs verticaux.

*Opération.* Soit *a o b* l'angle formé par les murs, joignons *a b* que nous considérons comme la trace du plan vertical qui doit contenir le cintre de face ; pour la facilité des opérations, on peut supposer aussi que le triangle *a o b* est isocèle. Par le point *k* milieu de *a b*, menons la ligne *k o* qui sera l'axe de la Trompe ou point *o'* situé sur cette ligne ; faisons passer *a' b'* perpendiculaire à *o' k* ; sur la droite *a' b'* considérée comme ligne de terre , et avec le rayon *a k*, décrivons de *o'* comme centre le demi-cercle *a' p q r s b'* qui sera le cintre de face situé dans le plan vertical *a b*.

Les droites *a' m*, *b' n*, élevées verticalement aux points *a'* et *b'* seront les intersections des faces verticales intérieures, formant l'angle avec le plan vertical élevé sur *a b*.

Cela posé , on divisera le cintre de face en un nombre impair de parties égales aux points *p, q, r, s*, et le rayon *o' p* prolongé jusqu'au point *c* donnera la hauteur *a' c* de la première assise des Voussoirs, et afin que l'appareil soit régulier , il faudra que *c m* égale *c a'*.

Pour terminer cette épure , il faut songer à couvrir le sommet de la surface conique par une seule pierre qui devra recevoir sur son joint normal les extrémités des Voussoirs partant du cintre de face ; on évitera par ce moyen les angles aigus contraires à la bonne construction.

Cette pierre que l'on appelle *Trompillion* aura sa douelle comprise entre le sommet *o* et la droite *h f*, perpendiculaire sur *o k*, en projection verticale ; ce Voussoir sera représenté par le demi-cercle *h' p'' q'' r'' o'' f'*.

Fig. 2. Cette figure représente en perspective un des premiers Voussoirs de la Trompe.

Fig. 3. Supposons une tour ronde dont les faces du mur d'enceinte seraient verticales, et une porte conique pratiquée suivant l'axe de cette tour.

*Opération.* Cette épure qui a beaucoup d'analogie avec la précédente, rentre dans la plus grande partie de ses opérations.

Supposons que *a b* soit la baie extérieure, on joindra ces deux points et on supposera le cintre de face compris dans le plan vertical élevé sur cette droite ; cette courbe sera en projection verticale, le demi-cercle *a' p q r s b'*.

On fera comme précédemment la division en un nombre impair de Voussoirs aux points *p, q, r, s,* qui seront en projection horizontale *p', q', r', s*.

Du point *o*, on mènera les droites *o p, o q, o r, o s*, que l'on prolongera jusqu'à la rencontre de la face extérieure, suivant les points *e, d, c, f* ; en ces points, on élèvera des perpendiculaires qui rencontreront les lignes des joints en *c', d', e', f'*, points par lesquels on fera passer la courbe ; pour avoir le point le plus élevé, on supposera au point *m* une perpendiculaire *m n*, dont le rabattement fait connaître la longueur en prolongeant le rayon *o a*.

Nous ne parlerons pas de la baie intérieure pour laquelle les opérations sont les mêmes.

Fig. 4. Cette figure représente la perspective cavalière d'un sommier de la porte conique pratiquée dans la tour ronde.

Fig. 5. Cette figure représente une Voûte en *arc de cloître* et cette condition n'a lieu que lorsqu'un espace tel que $a\,b\,c\,d$ se trouve couvert par deux berceaux de hauteurs égales, dont les courbes d'intersection seraient comprises dans les plans verticaux élevés sur $b\,d$ et $a\,c$.

*Opération.* Pour la construction de cette Voûte, on divisera en un nombre impair de parties égales la face principale de l'un des berceaux ; puis , par chaque point de division, on abaissera une perpendiculaire sur $b\,a$. Ces droites prolongées dans les triangles $a\,o\,d,\ b\,o\,c$, donneront les projections horizontales des arêtes des douelles de la première Voûte et par suite celle de la deuxième pour laquelle il suffira de joindre $p'\,x',\ q'\,t',\ r'\,s'$.

On prolongera ces dernières projections au-delà de la ligne $m\,n$, considérée comme ligne de terre ; à partir de la droite $m\,n$, on portera sur les perpendiculaires les hauteurs correspondantes dans le premier berceau , et, par les points $b',\ p'',\ q'',\ r''$, etc., on fera passer la courbe qui donne le cintre principal, ainsi que la division des douelles de la deuxième Voûte.

Fig. 6. Cette figure présente la perspective cavalière d'un premier Voussoir qui appartient à la fois aux deux Voûtes.

# PLANCHE V.

## VOUTE D'ARÊTE, VOUTE SPHÉRIQUE, CUL DE FOUR.

Fig. 1<sup>re</sup> Construction d'une Voûte d'arête.

*Opération.* Si nous supposons aux points $a,\ b,\ c,\ d$, quatre pilliers supportant deux Voûtes de même hauteur et dont les courbes d'intersection seraient comprises dans les plans verticaux élevés sur $c\,d$ et $a\,b$, on aura l'idée de cette Voûte qui est contraire à celle en *arc de cloître*, quoique les opérations soient les mêmes pour ces deux cas.

Fig. 2. Le Voussoir représenté par cette figure est un sommier de la Voûte arêtière.

Fig. 3. Construction d'une Voûte sphérique.

*Opération.* Imaginons une tour ronde couverte par une demi-sphère, et cherchons, dans ce cas, les moyens à employer pour l'arrangement des Voussoirs. Supposons que la figure $a\,c\,d\,f\,b$ soit la moitié de la surface à couvrir ; au point $o$, milieu de $a\,b$, élevons la perpendiculaire $o\,o'$ ; par le point $o'$, faisons passer $a'\,b'$ parallèle à $a\,b$ ; de $o'$ comme centre avec $o\,a$ comme rayon, décrivons le demi-cercle $a'\,p\,q\,r\,s\,t\,u\,b'$, que nous diviserons comme précédemment en un nombre impair de parties égales. Par les points de divisions, nous mènerons les droites $r\,s,\ q\,t,\ p\,u$, qui décomposent la douelle en un certain nombre de bandes circulaires de même largeur ; par les mêmes points, on mène les coupes $q\,k,\ r\,l,\ s\,m,\ t\,n$, qui sont limitées à la surface extrados que l'on trace en partant d'un centre plus bas que $o'$, afin que l'appareil soit plus léger et pousse moins les murs formant Pied-droit. Quant à la longueur des claveaux, nous faisons remarquer qu'elle devra, autant que possible, être régulière et présenter un point alternatif d'un Voussoir à l'autre. Pour l'exécution d'une Voûte sphérique d'un diamètre quelconque, un constructeur assez habile pourra se passer des échafaudages, en remarquant que chaque rangée horizontale de Voussoirs se maintient d'elle-même.

Fig. 4. Le Voussoir représenté par cette figure est un de ceux appartenant à la première rangée ou assise de la Voûte sphérique.

Fig. 5. Construction d'une niche sphérique.

Supposons que le demi-cercle $a\,o\,b$ soit la trace horizontale du demi-cylindre que supporte la partie sphérique.

*Opération.* Par le point $x$, milieu de $a\,b$, on mènera $x\,o$ perpendiculaire à la face principale par le point $o'$ situé sur $x\,o$ ; on fera passer la droite $a'\,b'$ parallèle à $a\,b$. Sur cette droite et de $o'$ comme centre, on décrira le demi-cercle $a'\,p\,q\,r\,s\,.\,.\,b'$ que l'on divisera en un nombre impair de parties égales aux points $p, q, r, s$, etc., par lesquels on fera passer les plans de joints, suivant les directions $o\,p$, $o\,q$, $o\,r$, $o\,s$, etc. ; ces plans prolongés s'arrêteront aux assises et auront pour intersection les droites dont les projections verticales sont $c$, $d$, $e$. Dans cette épure qui a beaucoup d'analogie avec celle de la trompe sur l'angle, on évitera les angles aigus des Voussoirs en les terminant par un demi-cercle tracé du point $o'$ comme centre avec un certain rayon, et la pierre qui sera placée dans ce vide prendra encore la dénomination de *Trompillion*.

La projection horizontale, ainsi que le rabattement, offre trop peu de difficulté pour que nous nous y arrétions.

Fig. 6. Cette figure représente un premier Voussoir de la niche sphérique.

# PLANCHE VI.

## PÉNÉTRATION, DESCENTE, VIS SAINT GILLE.

Fig. 1re Si nous supposons deux berceaux dont les naissances sont dans un même plan horizontal, mais dont les diamètres diffèrent de grandeur, nous aurons à chercher ce que l'on appelle la *Pénétration* d'un petit berceau dans celui d'un rayon plus étendu ; dans cette épure que l'on peut considérer comme un cas particulier de la Voûte d'arête, nous aurons peu de chose à dire pour mettre l'élève au courant du mode de construction employé dans ce cas.

*Opération*. Après avoir rabattu la coupe principale du petit berceau suivant l'axe de naissance $a\,b$, on divisera la courbe de l'Intrados en un nombre impair de parties égales ; cela fait, on divisera aussi la courbe du grand berceau. Des deux projections et par les différents points de divisions, on abaissera des perpendiculaires que l'on prolongera, afin d'obtenir la projection horizontale des arêtes de douelles ; on cherchera ensuite la courbe $x\,y\,z$ formée par la rencontre des deux Voûtes ; enfin pour donner l'appareil des Voussoirs auxquels cette courbe appartient, il sera nécessaire d'opérer le rabattement du grand berceau comme le présente la figure.

Du point $m$, et par les points $a'\,c'\,d'$, etc., on fera passer des plans de joints que l'on prolongera jusqu'aux rencontres $i\,k\,l$ ; de ces points on abaissera $l\,l'$, $k\,k'$, $i\,i'$, perpendiculaires à $a'\,b'$, ces lignes prolongées donneront les points $l'$, $k'$, $i'$, par lesquels on fera de nouveau passer les projections horizontales des mêmes plans de joints.

Fig. 2. Le Voussoir représenté par cette figure, donne la clef de la pénétration.

Fig. 3. Pour l'exécution des Voussoirs, nous avons rabattu la moitié de la courbe d'intersection ainsi que les panneaux qui s'y rapportent.

Fig. 4. Si nous supposons le passage biais, afin d'éviter un appareil irrégulier et difficile d'exécution, il sera préférable de chercher la pénétration droite à partir de $x\,y$.

Fig. 5. Cette Voûte est un berceau en descente qui pénètre un berceau plus grand.

Pour la construction de cette épure, on supposera comme précédemment le demi-cercle $a\,o\,b$ rabattu.

On fera la division des deux sections suivant un nombre impair de Voussoirs, et l'appareil ainsi que la courbe de pénétration s'obtiendront comme précédemment.

Fig. 6. Cette figure représente un premier Voussoir de la descente ; nous ferons remarquer que la face supérieure est décomposée en deux parties, l'une est horizontale, afin de présenter assise aux pierres supérieures, et l'autre est inclinée suivant la descente, afin d'offrir dans la division de la douelle un appareil plus régulier.

Fig. 7. Cette figure est la Voûte en descente circulaire ; elle est connue aussi sous le nom de *Vis saint Gille*.

*Opération*. Pour la construction, il faut établir

la face principale suivant $a\,b$ dont le plan passe par l'axe de la tour ronde dans laquelle on veut construire cet escalier voûté ; après avoir projeté sur $a\,b$ les points de division de la courbe Intrados, on fera passer par les hauteurs $c, d, e, f$ de chacun de ces points, les hélices qui, dans leur ensemble, donnent une division régulière ; pour l'Intrados, nous n'en dirons pas davantage sur cette épure qui trouve peu d'application dans les travaux d'appareil.

# PLANCHE VII.

## ARRIÈRES-VOUSSURES, TROMPES SUR L'ANGLE.

**Fig. 1re** Construction d'une ARRIÈRE-VOUSSURE DE MARSEILLE.

Lorsqu'il s'agit d'une porte plein cintre, sans imposte, à clore par deux battants, on comprend que pour les rabattre avec facilité sur les faces d'ébrasements, il faut que la couverte intérieure soit une Plate-bande ou une surface telle que son intersection, avec les ébrasements, laisse un libre cours à la partie cintrée du battant de la porte qui est mise en mouvement.

*Opération.* Pour former cette surface, on suppose qu'une ligne droite glisse (sans quitter la ligne horizontale au point $o$), sur les deux courbes $m\,d\,c\,b$, $a\,p\,q\,r$ en passant successivement par tous les points de l'arc $a\,p\,q\,r$, de sorte que l'on peut regarder les droites $n\,p$, $d\,q$, $c\,r$ comme autant de positions propres à déterminer l'appareil de la surface. La courbe $m\,n\,a$ est une section de cette surface par un plan vertical élevé sur $m'\,n'\,a'$, lequel présente en élévation une face d'ébrasement. Dans la coupe, on remarque que la section $m''n''a''$ de l'Arrière-Voussoir est assez surhaussée pour faire mouvoir avec facilité les battants de la porte.

**Fig. 2.** Construction de l'ARRIÈRE-VOUSSURE DE MONTPELLIER.

Cette épure ne diffère de la précédente qu'en ce que la courbe $m\,b\,c\,d$ est remplacée par la ligne droite $a\,b$ ; du reste, les opérations sont les mêmes, et sans nous arrêter à ce cas particulier, nous passerons de suite à l'*Arrière-Voussure de S$^t$ Antoine.*

**Fig. 3.** Construction de l'ARRIÈRE-VOUSSURE DE SAINT ANTOINE.

Dans ce nouveau cas, la face extérieure de la porte est surmontée d'une Plate-bande, et la courbe de raccordement est un plein cintre.

*Opération.* Pour la construction des claveaux, on divisera la Plate-bande ainsi que le cercle en un même nombre impair de parties égales, on joindra les points de divisions par les cordes $r\,d$, $q\,c$, $p\,b$, sur le milieu desquelles on élèvera des perpendiculaires telles que $k\,h$, afin d'obtenir sur la ligne $o\,a$ prolongée les centres des cercles dont la circonférence donnerait la courbure des joints des claveaux. Cela fait, pour exécuter le recreusement de la Voussure, on construira suivant la coupe l'ellipse $t\,u\,s''$ en prenant les droites $o\,s$, $o'\,s$ pour moitié des axes ; quant au joint des claveaux, la longueur $o'\,s$ sera la même pour la moitié du petit axe, et on prendra successivement pour la moitié du grand la longueur des arcs rectifiés.

**Fig. 4.** Cette figure offre le rabattement des panneaux de joints pour les claveaux situés d'un côté de l'axe.

**Fig. 5.** Construction d'une TROMPE SUR L'ANGLE.

Pour la construction de cette épure, on supposera que $o\,a$ est la projection horizontale d'un quart de cercle qui est rendu en projection verticale par la courbe $a'\,p\,q\,r\,o'$ ; pour cintre principal, on prendra la circonférence située dans le plan vertical élevé sur $a\,b$, on divisera cette courbe en un nombre impair de parties égales. Par les points de division on fera passer les plans de joints des Voussoirs dont les longueurs nécessiteront des courbes intermittentes, et un *Trompillion* ou dernier Voussoir devra recevoir sur son joint normal les retombées de ceux qui composent les côtés et la tête de la Trompe sur l'Angle : nous n'en dirons pas davantage sur cet appareil dont on s'occupe rarement.

# PLANCHE VIII.

## ESCALIERS A JOUR ET A NOYAUX PLEINS.

Fig. 1re Escalier principal devant conduire à des appartements spacieux, *p q r s, courbe de marche* placée dans la partie la plus fatiguée par les personnes qui montent et descendent; comme pour les escaliers de charpente, on fait sur cette ligne la division des degrés, et par chacun des points, on fait passer la droite qui doit présenter l'arête saillante de chaque marche : *a b c d* est ce qu'on appelle un *palier de repos, k m n o* la partie appelée *limon*.

Dans l'exécution d'un escalier en pierre, le limon contribue beaucoup à sa solidité, du côté du vide, surtout si les marches et les parties de limon qui leur correspondent sont pris ensemble dans le même cube.

Chaque marche se pose alors successivement, portant d'une extrémité dans le mur de la cage d'escalier, et de l'autre sur la partie horizontale appartenant au limon de la marche précédente : des joints de coupe en forme de Crossettes limitent cette surface horizontale suivant des joints normaux aux faces supérieure et inférieure du limon, et assurent la solidité à l'ensemble de la construction.

Fig. 2. Cette figure offre la perspective de deux marches dont les extrémités, privées de limon, sont ornées en retour du filet que forme l'arête saillante dans chacune d'elle : cette construction, plus élégante que la première, offre moins de solidité.

Fig. 3. Cette figure présente l'équarrissage du cube employé à la construction d'une marche dans le cas où son extrémité serait attenant au limon.

Fig. 4. Projection verticale de plusieurs marches dont les extrémités privées de limon dans lequel elles seraient incrustées, sont reliées à la surface *Intrados* par une bande de fer forgé telle que *x y*.

Fig. 5. Disposition d'un escalier circulaire dont les marches sont supportées jusqu'à une certaine distance par un mur d'échiffre. Nous ne parlerons pas des moyens de construction qui sont les mêmes que ceux dont il a été question dans l'escalier précédent.

Fig. 6. Profil qui donne l'équarrissage du cube nécessaire à la construction d'une marche dont l'extrémité serait attenante au limon.

Fig. 7. Perspective de deux marches limonières consécutives.

Fig. 8. Projection verticale suivant la suppression du limon.

Fig. 9. Dans le cas d'un limon droit et continu, une partie courbe telle que *k m n o* (Fig. 1), prend le nom d'*Echiffre*, et afin d'exécuter ce morceau avec le moindre cube possible, on établit d'abord suivant *p q r s* la projection horizontale de cette partie du limon ; prenant ensuite *a b* pour ligne de terre, on élève aux divers points *p, q, r, s*, etc., des perpendiculaires à cette ligne ; en portant successivement sur chacune de ces droites la hauteur qui lui correspond, on construit la projection verticale de cette partie tournante que l'on circonscrit dans le rectangle *m n x y*, qui donne les dimensions cherchées pour l'exécution de ce morceau d'échiffre.

Fig. 10. Escalier à limon vertical ou noyau plein. Ce cas se rencontre toutes les fois que le diamètre formé par le vide n'excède pas de $0^m,25$ à $0^m,30$.

Fig. 11. Perspective et ensemble de deux marches ; il est entendu dans ce cas que le noyau plein ainsi que la marche ne font qu'une pièce.

Fig. 12. Perspective de la surface inférieure des marches dans le cas du noyau plein.

Fig. 13. Projections horizontales des faces d'une marche qui appartiendrait à un escalier de noyau évidé.

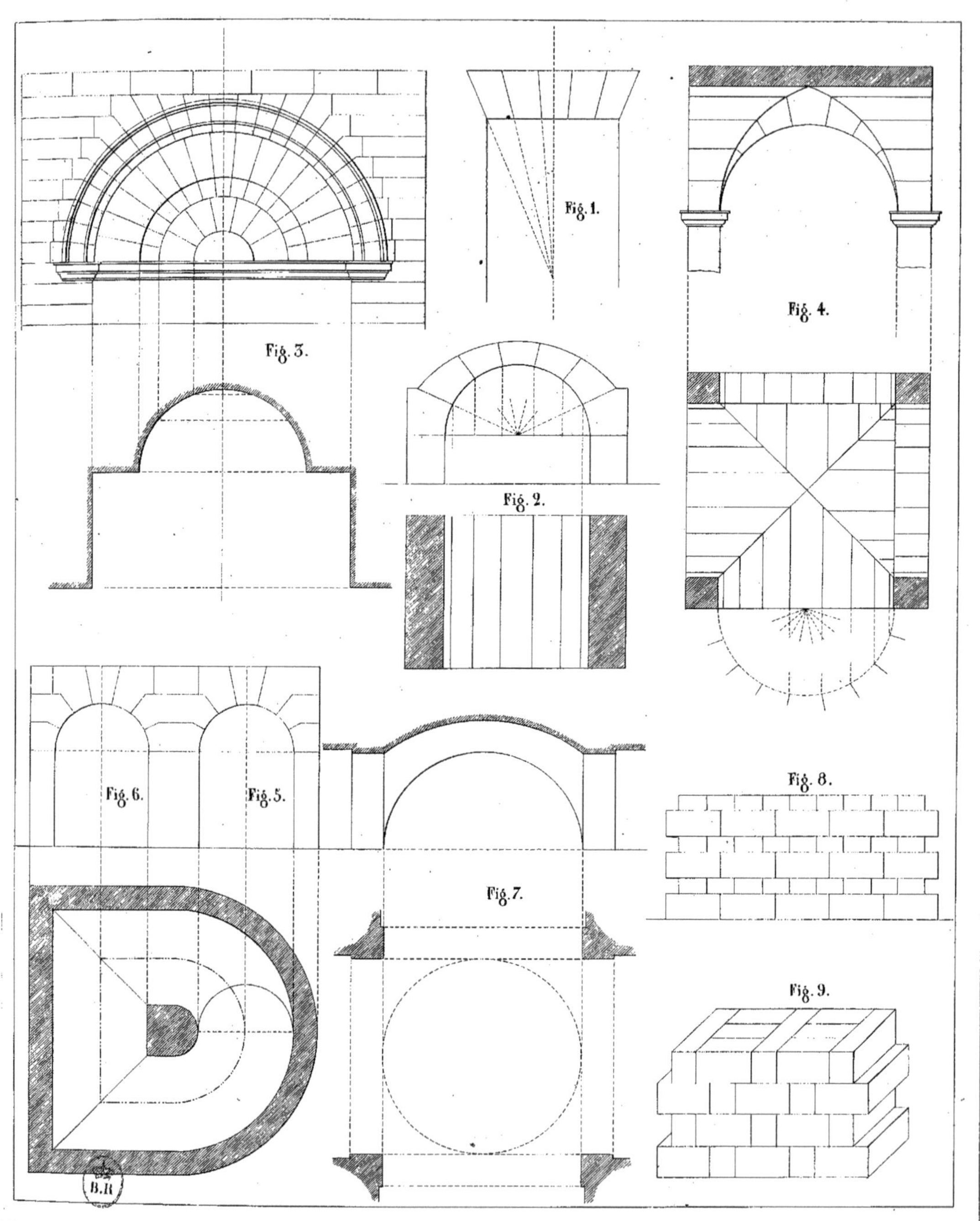
Fig. 1.
Fig. 2.
Fig. 3.
Fig. 4.
Fig. 5.
Fig. 6.
Fig. 7.
Fig. 8.
Fig. 9.

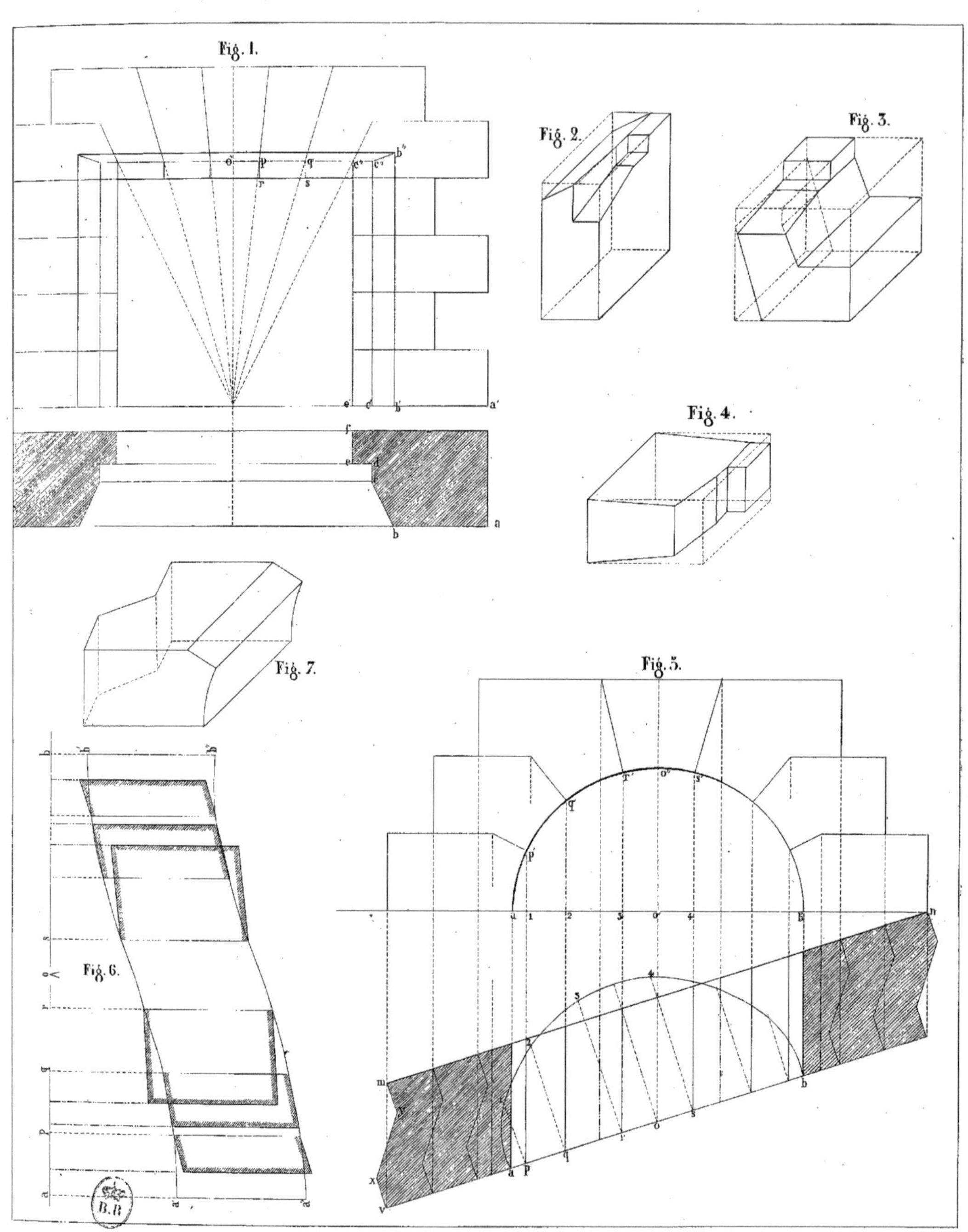


Fig. 1.
Fig. 2.
Fig. 3.
Fig. 4.
Fig. 5.
Fig. 6.
Fig. 7.

   

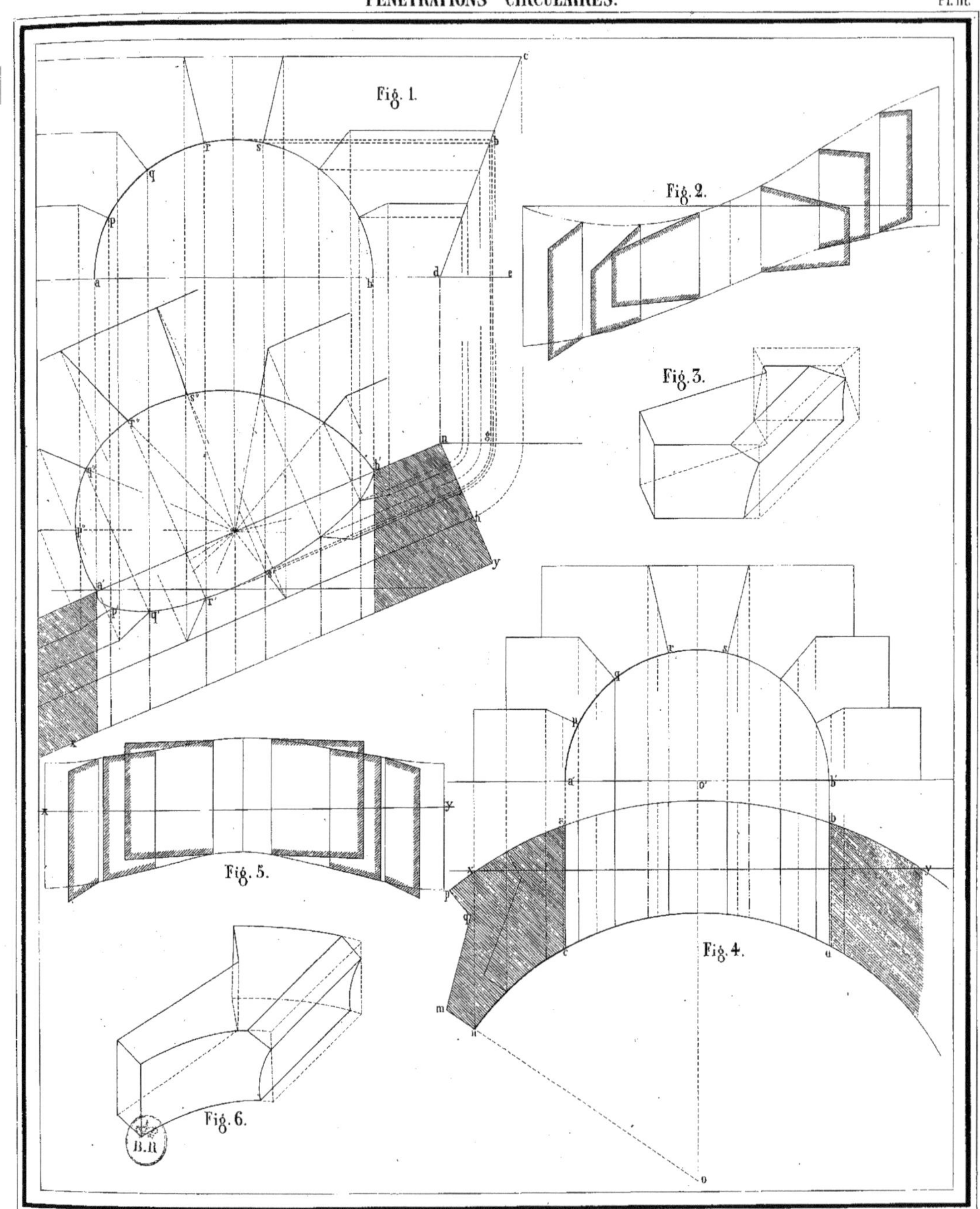
Fig. 1.
Fig. 2.
Fig. 3.
Fig. 4.
Fig. 5.
Fig. 6.
B.R

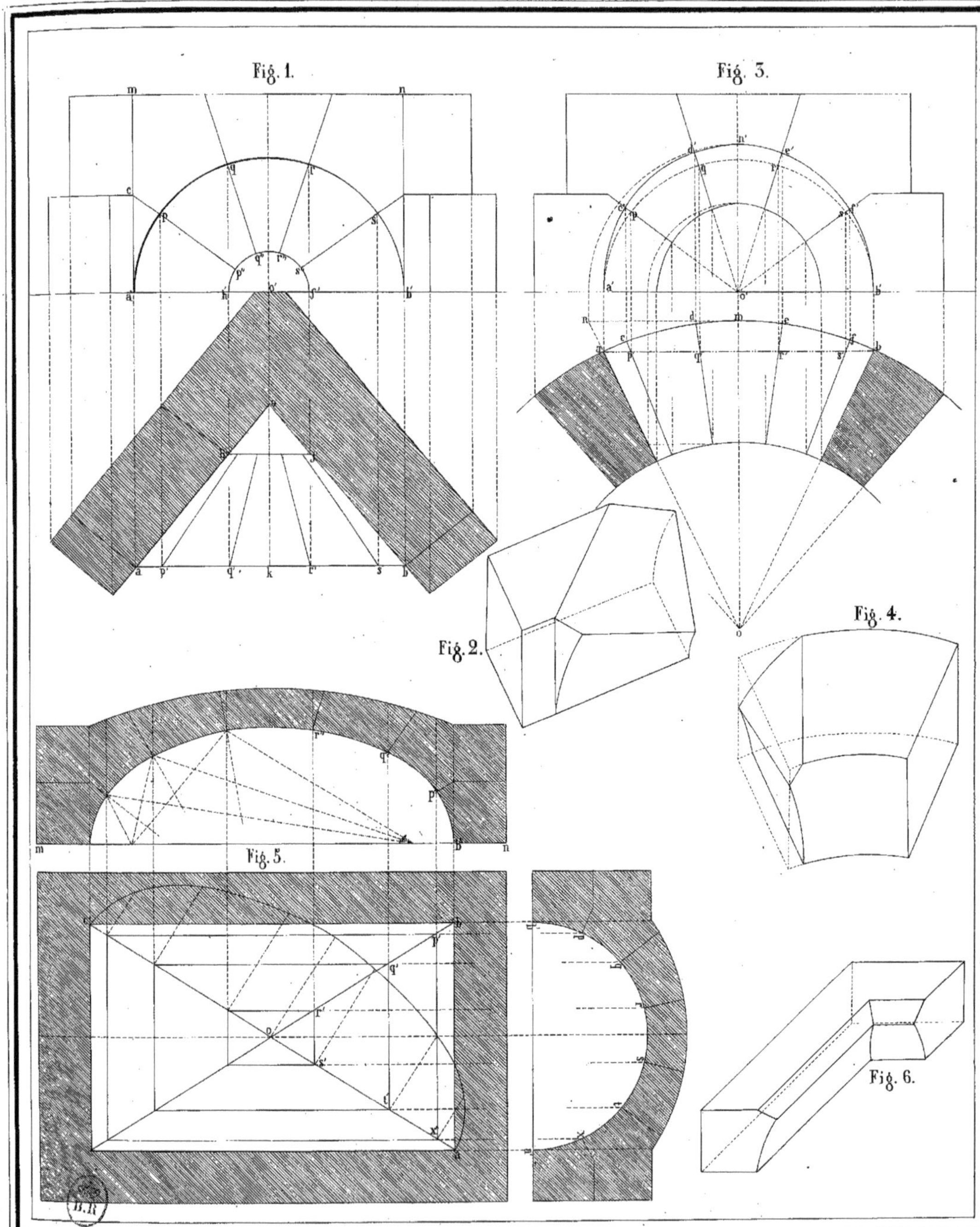


Fig. 1.
Fig. 3.
Fig. 2.
Fig. 4.
Fig. 5.
Fig. 6.

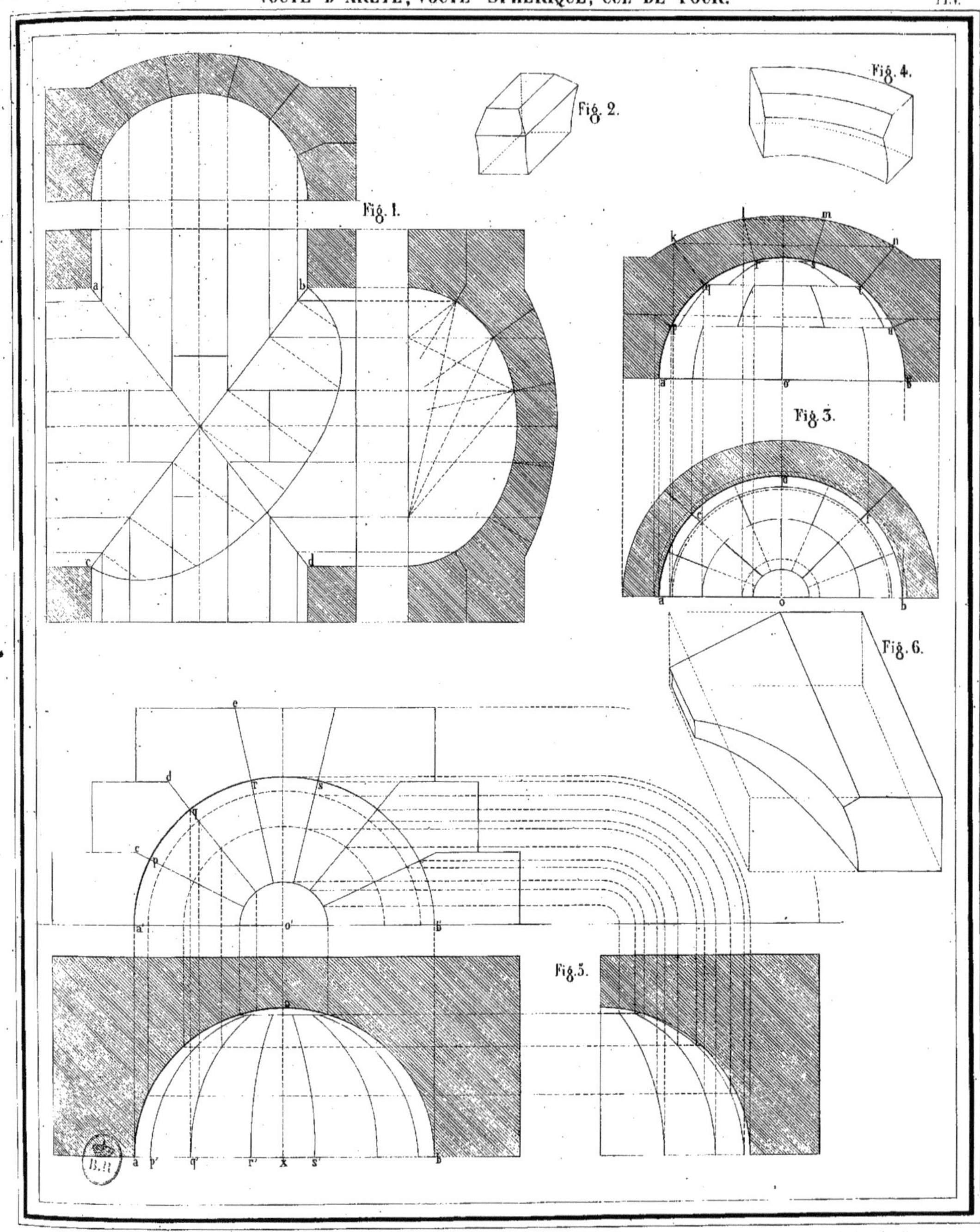


Fig. 1.
Fig. 2.
Fig. 3.
Fig. 4.
Fig. 5.
Fig. 6.

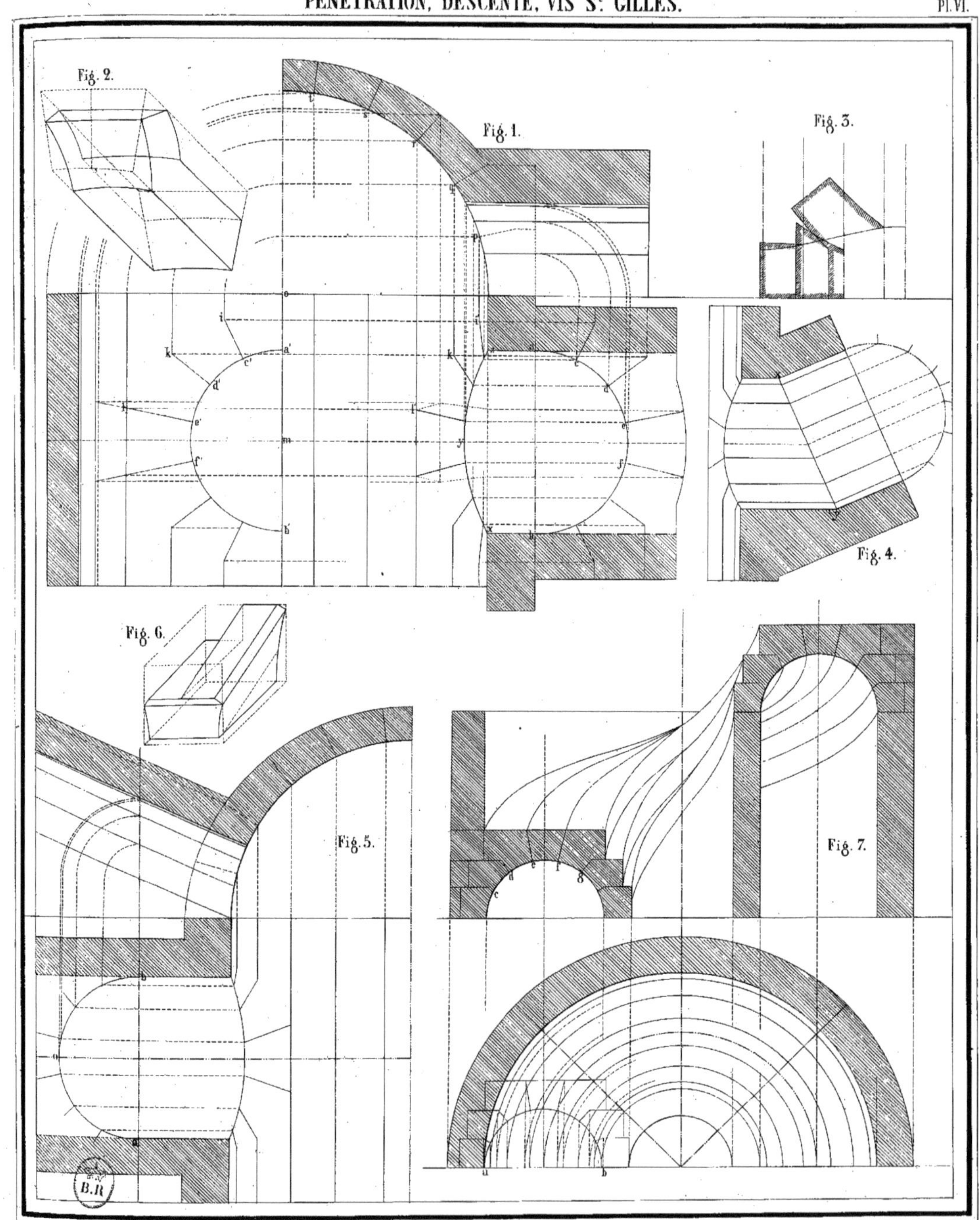
Fig. 2.
Fig. 1.
Fig. 3.
Fig. 4.
Fig. 6.
Fig. 5.
Fig. 7.

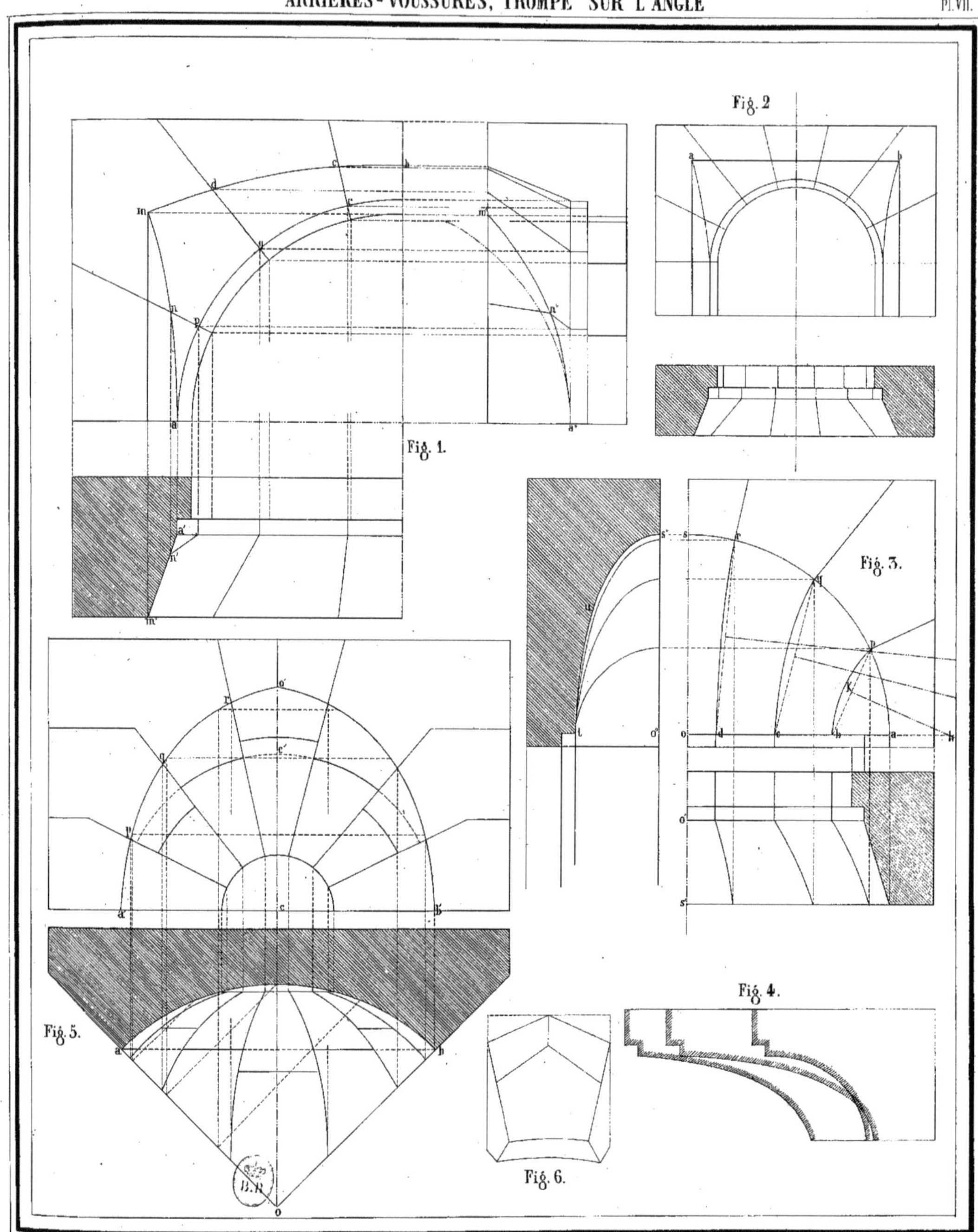

Fig. 1.
Fig. 2.
Fig. 3.
Fig. 4.
Fig. 5.
Fig. 6.

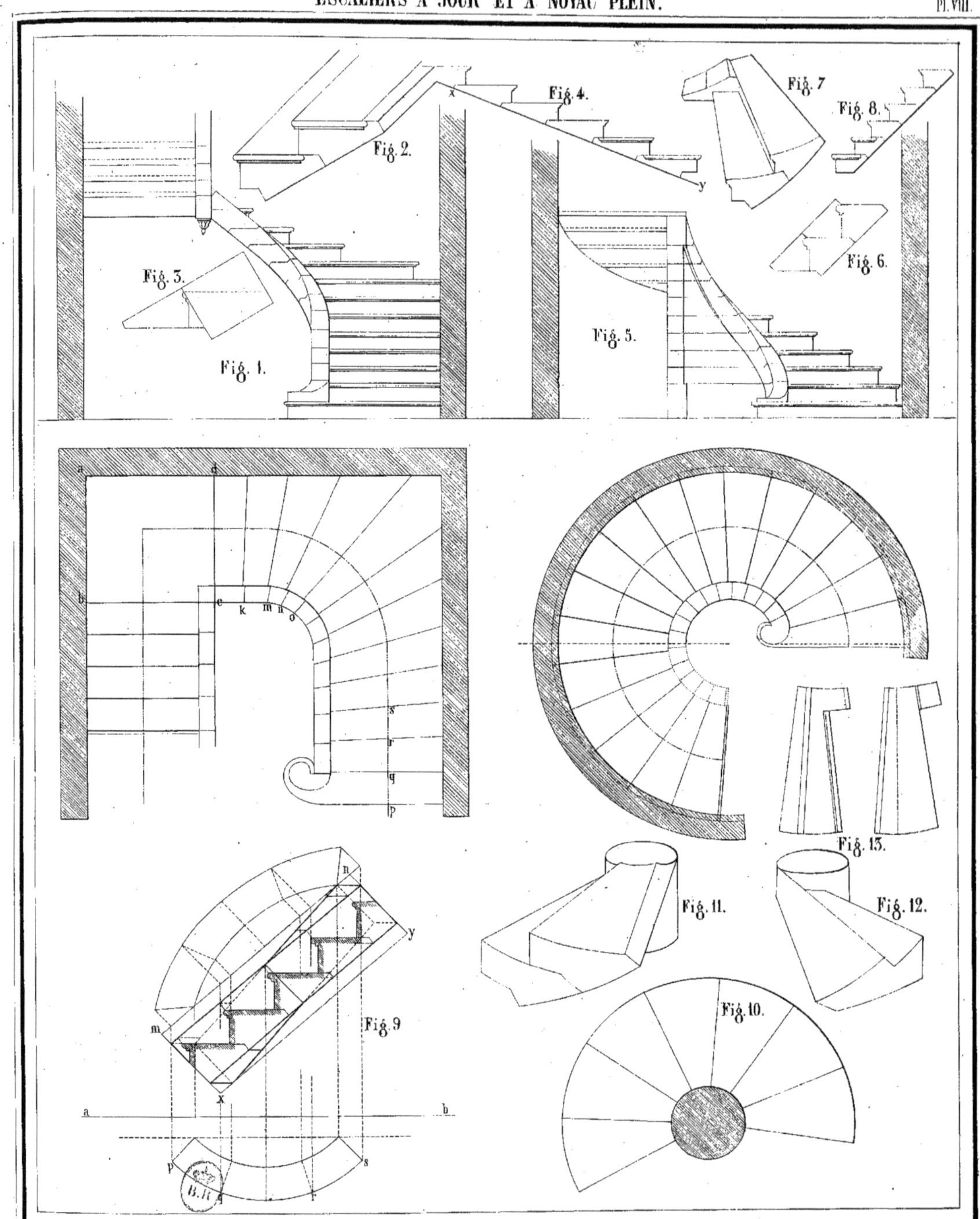

www.ingramcontent.com/pod-product-compliance
Ingram Content Group UK Ltd.
Pitfield, Milton Keynes, MK11 3LW, UK
UKHW021203140726
13695UKWH00005B/2313